I0231166

www.ingramcontent.com/pod-product-compliance
Lightning Source LLC
Chambersburg PA
CBHW041544040426
42446CB00003B/227
9789948226253

فرسان مملكة الحلوى و تنين الكراميل

هذه القصّة مهداة إلى:
أمي و أبي سبب وجودي في هذا العالم

زوجتي الحبيبة التي طالما دعمتني

أبنائي صخر و زينة مصدر إلهامي و سعادتي في هذه الحياة

كل من ساعدنا في إنتاج هذا العمل بأحسن صورة ممكنة :
رانيا الترك، ليندا العلي، نذير خوالدة، بلال الخوالدة، بلال القادري، سنان حياصات، مازن الكلوب، كاظم البسطامي و غيرهم الكثير

تمّت الطباعة في دولة الإمارات العربية المتحدة سنة ٢٠١٤

إذن طباعة رقم ٢٢٢٩٤

فِي قَدِيمِ الزَمانْ، فِي غَابَةٍ بَعِيدة. كانَت هُناكَ مَملكةٌ تُدعى مَملكَةَ الحَلوى.
وكانَ يَحكُمُ هَذِهِ المَملكة مَلِكٌ حَكِيم إسمُهُ المَلِك أبو مَصّاصَة

كانَ الملِكُ يَملُكُ مَصّاصةً عِملاقة، يَضرِبُ بها الأرضَ

فَتُخرِجُ ما لَذَّ وطابَ مِنَ الحَلوى

وَفي يَومٍ مِنَ الأيامِ... نامَ المَلِكُ وَوَضَعَ مَصَّاصَتَهُ على حَافَّةِ النَافِذة.

لكنّه عِندَما استَيقَظَ لَم يَجِدْها

فَزِعَ المَلِكُ وَاسْتَدْعى حَرَسَ القَصْرِ، فَقالَ لَهُ أَحَدُهُم إِنَّهُ رَأى في تِلْكَ اللَيلةِ تِنِّينَ الكَراميلِ الشِرِّيرْ يَقِفُ على نافِذَةِ المَلِكْ، وسُرعَانَ ما هَرَبَ مُسْرِعاً!

عَرَضَ المَلِكُ جَائِزَةً لِمَن يَسْتَطِيعُ أنْ يَسْتَرْجِعَ المَصَّاصَةَ العِمْلاقَةَ. جَاءَ ثَلاثَةُ فُرسانٍ مِن أشْجَعِ فُرْسانِ مَملكةِ الحلوى: الفارِسُ البْرونزيّ والفارسُ الفِضيّ والفارسُ الذَهَبيّ

قالَ الفارِسُ البرونزيّ: أنا سَأذْهَبُ أوَّلاً، سأتَغَلَّبَ على التِّنينِ وَأهزِمهُ بِسَيفي هَذا

كانَ تِنّينُ الكَراميل يَسْكُنُ مَغارَةً سِحْرِيّة تُدْعَى مَغارَةَ المَلَذّاتِ وَالمَخاطِر. كانتْ هَذِهِ المَغارَةُ سِحْرِيَّة... إذا دَخَلَها أَحَدُهُمْ امتَلَئَتْ جُدْرَانُها بِأكْثَرِ ما يُحِبُ مِنَ الطَعامِ وَالحَلْوى

دَخَلَ الفارِسُ البرونزيُّ المَغارَة، وقَفَزَ عَنِ التَماسيحِ الهائجَةِ وَقَضى على الخَفافيشِ

إلّا أنَّه كُلَّما مَشى في المَغارَةِ أكَلَ مِنَ الشوكولاتَةِ التي تَمْلأُ جُدْرانَها، وَ شَرِبَ
مِنْ يَنابيعِ عَصيرِ التوتِ المُنْسابَةِ فيها

وَما أَنْ وَصَلَ إِلى التّنّينِ حتّى كانَ مُتْخَماً مِنْ كَثْرَةِ الأكْلِ وَبَطْنُهُ مُسْتَديرَةٌ مُمْتَدَّةٌ أمامَهُ.
قالَ الفارِسُ: سَأَقْضي عَلَيكَ أَيُّها التّنّينْ بِسَيفي هَذااااااا... وَلَمْ يَكَدْ يُكْمِلْ جُمْلَتَهُ حتّى غَلَبَهُ النُّعاسُ وَغَطَّ في النَّومِ مِنْ كَثْرَةِ الأكْلِ

لَمْ يَعُدْ الفارِسُ البرونزيّ، فَقَرَّرَ الفارِس الفِضّيُّ أنْ يَذهَبَ إلى المَغارَةِ وَيَهْزِمَ التِنّينَ بِرُمْحِهِ الفِضّي

دَخَلَ الفارِسُ المَغارةَ وَصارَعَ الدُبَّ الهائِجَ وَقَضى على الأفاعِيَ السَامَّة

إِمْتَلأتْ جُدرانُ المَغارةِ بِكَعْكَةِ الفَراولَة، ومَمَرّاتُها بِجيلو اللَيمون اللَذْيذ. قالَ الفارِس :

سَآكُلُ القَليلَ لِكَي أسْتَطِيع أنْ أُواجِهَ التِنّين... إلاّ أنَّهُ حالَما بَدَأ بالأكلِ لَمْ يَسْتَطِعْ التَوقُّف

وَما أن وَصَلَ إلى التِنّينِ حتى كانَ مُتْخَماً مِنْ كَثْرَةِ الأكْلِ وَبَطْنُهُ مُسْتَديرَةٌ مُمْتَدَة أمامَه،
قالَ الفارِس: سَأقْضي عَلَيكَ أيُّها التِنّين بِرُمْحِي هَذا!!!!!!... وَلَمْ يَكَدْ يُكْمِل
جُملَتَهُ حتى غَلَبَهُ النُعاسُ وَغطّ في النَومِ إلى جانبِ الفارِسِ البرونزيّ

اِنْتَظَرَ أَهْلُ مَمْلَكَةِ الحَلْوى عَوْدَةَ الفارِسِ الفِضِّيّ دُونَ فائِدَة، عِنْدَها قَرَّرَ الفارِسُ الذَّهَبِيّ أَنْ يَذْهَبَ لِاسْتِرجاعِ المَصّاصَةِ العِملاقَةِ السِّحْرِيّة

سَألَهُ أهْلُ المَملَكَة: وَكَيْفَ سَتَسْتَرجِعُها؟ قَال: بِقِطْعَةِ لَحْمٍ ومِنْدِيلي الذَّهَبِيّ
هَذا. لَمْ يُصَدِّقْ أهلُ المَملَكَةِ هَذا الكَلام، وسَخِروا مِنَ الفارِسِ الذَهَبِيِّ

فَقَدْ فَشِلَ كُلٌ مِنَ الفارِسِ البرونزيِّ وَالفِضِّي وَقَدْ حَمَلُوا الشَّديدَ مِنَ السِّلاح.

لَم يُبالِ الفارِسُ بِكَلامِ أهل المَمْلكةِ وَذَهَبَ إلى المَغارَة

وَحَالما دَخَلَ... هاجَمَتهُ مَجْمُوعَةٌ مِنَ الذِّئابِ الجَائِعَة، لَمْ يَجِد حلَاً إلاّ بِأنْ يَرمِي لها قِطعَةَ اللّحْمِ التي حَمَلَها مَعَهُ للِتّنِينِ وهَرَبَ مسرعاً إلى داخِلِ المَغارَة

نَظَرَ الفارِسُ حَولَهْ، فَوَجَدَ جُدْرانَ المَغارَةِ مَلِيئَةً بِالكَرَزِ والتُّوت، وَيَمْلأُ أرْضَها عُشْبٌ زَهرِيُّ اللَونِ مِن حَلْوى شَعْرِ البَنات

كانتْ هَذه الأشياءُ مِنْ أكْثَر ما يُحِب، إلاّ أنَّهُ قَرَّرَ أنْ
يُقَاوِمَ الإِغْرَاءَ بِعَصْبِ عَيْنَيْهِ بِمَنديلِهِ الذَّهَبِي

تَحسَّسَ الفارِسُ طَرِيقَهُ حَتَّى بَدَأَ يَسمعُ ضحكةَ تِنّين الكَرَامِيلِ،
فَنَزَعَ العَصْبَةَ عَنْ عَينَيه

قَالَ لَهُ التِنّينُ سَاخِرَاً: هَلْ جِئتَ لِتَنامَ بِجانِبِ أصْدِقائِك الفُرْسان الشُجْعان. رَدَّ الفارِسُ:
جِئتُ لِأُساعِدَكَ كَي تُعِيد المَصَّاصَةَ السِحْرِيَةَ إلى المَلِكِ الحَكِيم، وَ تَحْصُلَ
عَلى الطَّعام الوَفيرِ كَمُكافَأةٍ لَك

أَعْجَبَتِ الفِكرَةُ التِّنِّينَ، إِذ أَنَّهُ لَم يَسْتَطِع أَنْ يَجْعَلَ المَصَّاصَةَ السِحْرِيَّةَ تُخرِجْ له طَعاماً.

حَمَلَ التِّنِّينُ الفُرسانَ النائِمَينْ والفارِسَ الذَّهَبِيّ عَلى ظَهْرِهِ وَطارَ إلى مَمْلَكَةِ الحلوى

فَرِحَ المَلِكُ وَأهْلُ المَمْلَكَةِ بِعَودَةِ المَصَّاصَةِ السِحْرِيَّةِ، واسْتَمتَعَ التِنّينُ بِالطَعَامِ الوَفِيرِ.

وَشَكَرَ الجَمِيعُ الفارِسَ الذَهَبِيَّ عَلى تَفكِيرِهِ الرَزِينِ الَذي أفْضَى إلى حَلٍ يُرضِي الجَمِيعَ

النهاية